GÉNÉALOGIE

DE LA FAMILLE

HARDY dite DE BEAULAINCOURT.

GÉNÉALOGIE

DE LA FAMILLE

HARDY,

DITE

DE BEAULAINCOURT

PUBLIÉ PAR

le Cte du Chastel de la Howarderie-Neuvireuil.

DOUAI

LUCIEN CRÉPIN, ÉDITEUR

IMPRIMEUR DES SOCIÉTÉS SCIENTIFIQUES ET LITTÉRAIRES DE DOUAI

23, rue de la Madeleine, 23.

1888

GÉNÉALOGIE

DE LA FAMILLE

HARDY, DITÉ DE BEAULAINCOURT

SEIGNEURS de Belleville (Bellenville, à Beuvry, lès Béthune), Bertrangles, Marquaire, Lanson, Ernoval *ou* Ernouval, la Beuvrière, Quéant (à Bénifontaine), Oremeaux, la Motte-le-Goret, la Motte (en Bajus), Fléchinel, Vaudricourt, etc ; *sires* et *comtes* DE MARLES.

Avant de commencer la filiation directe de la famille *Hardy*, il est utile de mentionner les personnages qui, antérieurement à elle, ont porté le nom de *de Beaulaincourt,* mais qui paraissent lui être complètement étrangers.

1106. HUGO *de Beaulaincourt,* présent avec plusieurs chevaliers de Flandres et d'Artois, à la dédicace de l'église de l'abbaye d'Arouaise, le 9 des calendes. d'octobre (1).

(1) Le Carpentier. Histoire de Cambray et du Cambrésis, 4e partie, Preuves, page 81.

1152. Jehan *de Beaulaincourt*, chevalier, capitaine de Cambrai en ladite année (1).

1184. Joannis *de Bellincort* approuva, avec un grand nombre de chevaliers, une donation faite par Hugues *d'Oisy* à l'abbaye de Saint-Aubert (2)

1221, 1224. Taisson, ou Eustache *de Beaulaincourt* se dévestit de la dîme de l'abbaye d'Arouaise, en présence de Pons, évêque d'Arras, du consentement de Simon *de Beugnastre* de qui elle était tenue et qui la remit à l'évêque pour la rendre à l'abbaye (3).

1311. *(Hen)*riet *de Biauleincourt*, écuyer, portait, pour armoiries : *d....., à trois fasces d....., à la bordure engrêlée d....; au lambel de quatre pendants d ... (4).*

Armoiries : *d'azur, à deux léopards lionnés d'or acculés (ou adossés), assis (ou accroupis), ayant les, queues entrelacées en double sautoir et surmontées d'un écu :* d'or, au chef de gueules (Saint-Aubin) , *sommé d'une couronne d'or* --Timbre : *couronne comtale surmontée d'un casque d'argent, taré de face, couronné, colleté, bordé et diapré d'or; grillé de neuf grilles du même; doublé de gueules; assorti de ses lambrequins d'azur et d'or et de ses courroies de gueules bordées d'or.* — Cimier : *tête et col de lion d'or entre un bois de cerf de gueules ; chaque corne ou perche chevillée de quatre cors.* — Tenants : *deux*

(1) Le Carpentier. Histoire de Cambrai et du Cambrésis, 3e partie, page 200.

(2) Idem, 4e partie, Preuves, page 22.

(3) Histoire de l'abbaye d'Arouaise, par dom Gosse.

(4) G. Demay. Inventaire des sceaux de l'Artois, in-4º. Nº 148.

hommes sauvages au naturel, ceints et couronnés de lierre de sinople, armés de massues. — Devise : Pour le mieux, *d'azur sur un listel d'or.* — Cri d'armes : Buves tost assis ! *de gueules, sur un listel d'or placé entre les deux perches du cimier* (1).

Les deux premiers degrés de la filiation qui va suivre n'ont d'autres preuves que l'accord unanime des généalogistes, mais tous les autres peuvent se prouver par titres originaux.

I. *Enguerrand* Hardi, nommé *de Beaulaincourt* par les anciens hérauts d'armes, devait être un bourgeois de Cambrai. Il épousa, dit-on, Anne *des Cœurs* (2), qui lui aurait donné les trois enfants qui suivent :

(1) Les armoiries des Hardy de Beaulaincourt ont beaucoup de ressemblance avec celles que portait, en 1359, Williame de le Bergerie, et qui étaient : d....., à deux lions assis et adossés d....., les queues entrelacées et surmontées d'un W d..... (G. Demay. Inventaire des sceaux de l'Artois, N° 159). Ce Williame de le Bergerie perdit sans doute son scel aux deux lions, car en 1366, il scellait avec un écu : d....., à la croix ancrée et vidée d...., au franc-canton de...., chargé d'un fer de moulin d.... (G. Demay. Inventaire cité, N° 160). — Selon un manuscrit datant de l'an 1500, qui a été publié dans les Archives historiques et littéraires du Nord de la France (ouvrage imprimé à Valenciennes, 2e série, tome 4, page 24), Antoine de Beaulaincourt, dit Hardy, écuyer, portait écartelé de Buves qui est d'azur, à deux lions assis d'or, une..... de même pardessus. L'autre quartier parti de Solesmes qui est de sable, à trois croissants d'argent, et d'Estrépy qui est d'or, à cinq bâtons de gueules, et sur le tout : de gueules, à une aigle d'argent à deux têtes. Crie : Buvez tout assis !

(2) des Cœurs : d'or, à trois cœurs de gueules.

1º RICHARD, tué à la guerre selon DE LAUNAY (1), ou assassiné selon feu M. le chevalier Amédée LE BOUCQ DE TERNAS (2).

2º GILLES, maitre d'hôtel de Gérard *de Dainville* qui fut évêque de Cambrai dès 1372. Il épousa Caisotte, ou Nicaise *Hardiel* (3), dont il ne laissa pas postérité.

3º JEAN HARDI, qui suit, II.

II. *Jean* HARDI, nommé *de Beaulaincourt* par les généalogistes, fut marié à Floure, ou Flore *de Priche* (4), laquelle étant veuve, convola avec Martin *Canivet*, bourgeois de Cambrai, veuf de Marie *de Harmies* ou *de Hermies*. — Selon DE LAUNAY, Flore *de Priche* était fille de Wallerand et d'Agnès *de Lobbe*, mais d'après les notes délaissées par M. DE TERNAS, elle aurait été fille de Gilles *de Priche* et d'Agnès *Lobbe* (5) — *Jean* HARDI laissa trois enfants :

1º JAQUEMART, ou JACQUES HARDI, qui suit, III.

2º JEAN, marié deux fois selon DE LAUNAY, en premières noces avec Marie *Willard*, et, en secondes noces, avec Marie *le Sauwy*, fille de Jean et de Marie *le Boulanger ;* mais marié

(1) Bibliothèque de M. le comte Stiénon du Pré, à Tournai. Manuscrit de Jean de Launay, deux volumes in-folio, tome 1, folio 218.

(2) Bibliothèque de M. le chevalier Pierre le Boucq de Ternas à Douai. Manuscrits généalogiques rédigés par feu le chevalier Amédée le Boucq de Ternas.

(3) Hardiel : d....., au chevron d....., accompagné, en pointe, d'un b d....;au chef d.....,à trois trèfles d....,rangés.—G. Demay. Inventaire des sceaux de la Flandre, Nº 2488.

(4) de Priche : gironné de gueules et de vair de dix pièces, à un besan d'or en abîme. Selon M. de Ternas, les girons de vair auraient été d'argent.

(5) Lobbe : d'argent, à la fasce accôtée de deux burettes de gueules.

uniquement, selon M. DE TERNAS, avec Marie *de Sauwyn*, fille de Jean et de Marie *le Boulanghier* (1).

3° JEANNE, mariée, en premières noces, à Jean *le Sellier* (2), mort vers 1381, fils de N..... *le Sellier* et de Floure *Cardelois ;* et, en secondes noces, à Jean *Bonvarlet* (3), natif de Saint-Quentin en Vermandois.

III. *Jaquemart* HARDIT, ou Jacques HARDI, nommé *de Beaulaincourt* par les hérauts d'armes, bourgeois de Cambrai, *franc-sergeant* de l'église de Notre-Dame de la dite ville, depuis l'an 1411 jusqu'au jour de son décès, testa le 14 décembre 1445. On le trouve mentionné dans les comptes généraux de la ville de Tournai, au folio 40 *verso* du *Cartulaire des Rentes de 1414*, comme étant *Jacquemart* HARDIT, *de Cambrai*, et sa femme, Marie *Canivet* (4), qu'il avait épousée en 1399 (5) et qui était fille de Martin *Canivet* et de Marie *de Harmies* sa première femme, se trouve citée au folio 41 recto du même Cartulaire, comme étant *Marie* CANIVETTE, *âgée de 36 ans en*

(1) le Sauwy : plumeté d'or et de sable ; au chef de gueules, chargé d'un paon rouant d'or (de Launay). — de Sauwyn : d'argent, au chevron d'azur, accompagné de trois étoiles de gueules (de Ternas). — Le véritable nom de la femme de Jehan Hardi aurait bien été dou Cauwin.

(2) le Sellier : écartelé, aux 1 et 4 : d'argent, à trois merlettes de sable, une sur le deuxième quartier, et deux sur les 3ᵉ et 4ᵉ quartiers de la partition ; au franc-canton : d'or, à trois roses de gueules ; aux 2 et 3 : de gueules, au chevron d'or, accompagné de trois croissants du même.

(3) Bonvarlet : d'azur, à deux chevrons d'or.

(4) Canivet : d'argent, à cinq fasces d'azur, à six chevrons de gueules brochant sur le tout.

(5) En 1872, le contrat du mariage Hardi-Canivet se trouvait chez M. le comte de Marles, au château de Wavans, à Beauvoir-Rivière.

1410. Voici un extrait du Cartulaire des rentes achetées de 1404 à 1415 (1); rentes vendues le 8 octobre 1410 :

Folio 40, verso. — « A Martin *Canivet,* de » Cambrai, à le vie de Jehan *de Havraincourt,* fil » feu Jehan qu'il eubt de Demisel'e Jehenne *Cani-* » *vette,* jadis se feme, de xiiij ans deage, ou envi » ron . . . . xxv lb. »

« A luy, à le vie de Demiselle Catherine *de Ha-* » *vraincourt,* fille dudict feu Jehan et de la dicte » Demiselle Jehenne, et à présent feme Pierre *de le* » *Pierre,* de xvj deage ou environ. . xxv lib. »

« A luy, à le vie de *Jehan* Hardit, fil Jaquemart » Hardit, de Cambrai, et de Demiselle Marie CANI- » VETTE, se feme, de vij ans deage, ou environ, » . . . . xxv lb. »

Folio 41, recto. — « A luy et à le vie de *Floure* » Hardie, fille desdicts conjoins de viij ans deage, » ou environ . . . . xxv lb. »

« A luy et à le vie de le dicte Demiselle *Marie* » Canivette, fille dudict Martin et feme dudict » *Jaqmart* Hardit, de xxxvj deage, ou environ, » . . . . xxv lb. »

La famille *de Havraincourt,* alliée aux *Conivet,* n'a rien de commun avec les marquis *d'Havraincourt* modernes dont le nom patronymique est *Cardevacque,* jadis *Kar de Vake,* ou *Chair de Vache.* On trouve encore au verso du folio 51 du *Cartulaire des rentes tournaisiennes* de 1404-1415, que Jehenne *de*

(1) Archives de la ville de Tournai en Tournaisis (Hainaut belge).

Havraincourt, fille de Jehenne *Canivette* et nièce de Martin *Canivet*, était âgée de 20 ans en 1407 et qu'elle mourut religieuse au monastère de Bethléem près de Mons en Hainaut, le 2 mars 1415 (1416 n. st).

Jaqucmart HARDIT et Marie *Canivette* eurent, selon tous les généalogistes, sept enfants, savoir :

1° MARTIN *Hardit*, mentionné au Cartulaire des rentes tournaisiennes de 1422, au folio 3, mourut avant 1439 et fut inhumé à Saint-Quentin en Vermandois. Il avait épousé, vers 1430, Marie *de Vancquetin* (1), fille de Jehan, écuyer, et de Marie *de Hertaing*. Devenue veuve, Marie *de Vancquetin* convola, par contrat du 12 mai 1439, avec Jean *de Lonsart*, écuyer, veuf de Marie *du Cavech* (2). — MARTIN laissa, pour unique héritier, son fils qui suit :

A. *Martin*, mort en 1460, inhumé dans l'église de Saint-François à Cambrai, sous une épitaphe où étaient sculptées ses armoiries (HARDI *écartelé* DE VANCQUETIN) et celles de sa femme. Il avait épousé Bonne *de Monstrelet* (3), fille d'Enguerrand, écuyer, prévôt de Cambrai, célèbre chroniqueur (4), et de Jeanne *de Valhuon*. — De ce mariage, vinrent deux filles :

a. *Marguerite*, mariée à Robert *de Buissy* (5), écuyer, seigneur de Villers-Guislain, etc., mort en 1512, fils de Jean, écuyer, et de Sainte *de Griboval*.

(1) de Vancquetin : d'azur, au lion d'or, armé et lampassé d'argent.

(2) le Carpentier. Histoire dc Cambrai et du Cambraisis, 4ᵉ partie, Preuves, p. 59.

(3) de Monstrelet : de gueules, au sautoir d'argent, accompagné, en chef, d'une molette d'or.

(4) Enguerrand de Monstrelet appartenait à une branche bâtarde de la noble maison flamande van Munsterleet.

(5) de Buissy : d'azur, au chevron d'or, chargé de cinq heurtes (tourteaux d'azur), dont une sur la pointe.

b. *Marie*, femme de Maître Jean *Molet*, ou *Mollet* (1), licencié-ès-lois, natif de Péronne en Vermandois, fils de Raimond *Molet*.

2° Jaquemart HARDIT, ou Jacques HARDI, qui suit, IV.

3° Floure, ou Flore, née vers 1401-2, comme on l'a vu ci-devant, page 10, ligne 17, mariée à Robert d'*Aubencheul* (2), écuyer, seigneur de Blécourt, etc., fils de Jean d'Aubencheul, écuyer.

4° Jean, né vers 1402-3, comme on l'a vu ci-devant, page 10, ligne 13, fut marié, avant 1440, à Jeanne *Calardrie*, ou *Calardie* (3), née vers 1414-15, fille de Robert, bourgeois de Cambrai, homme de fief de l'évêché de cette ville en 1448 (4), etc., et de Marie *de Ruymont*, née vers 1398-99 (5). De ce mariage, il ne resta pas postérité.

5° Jeanne, mariée à Jean *du Cavech* (6), fils de Jean, bourgeois de Cambrai, et de Nicaise *Grignon*.

6° Pierre, prêtre, chanoine de Notre-Dame de Cambrai et de la collégiale de Saint-Vincent de Soignies, mort au royaume de Naples étant un des chapelains du roi de France.

7° Gérard, mort sans alliance.

(1) Molet, ou Mollet : écartelé, aux 1 et 4 : de sable, à trois molettes d'or, et, aux 2 et 3 : échiqueté d'argent et d'azur.

(2) d'Aubencheul : d'or, à trois fasces, ou plutôt hamaides de gueules (le Carpentier) ; ou de gueules, à la hamaide de trois pièces d'hermines (de Launay).

(3) Calardrie, ou Calardie : bandé d'or et de sable de six pièces (le Carpentier) ; ou bandé d'argent et d'azur de six pièces, à la bordure endentée de gueules (de Launay). — En réalité, Calardie portait : d...., à trois têtes de léopard d......, comme cela est dans l'ouvrage cité ci-après, note 4.

(4) G. Demay. Inventaire des sceaux de la Flandre, etc. N° 2085.

(5) Archives de Tournai. Cartulaire des rentes renouvelé en 1468, fol. 114.

(6) du Cavech : de sable, à six chevrons d'argent (le Carpentier) ; ou de gueules à cinq chevrons d'argent (de Launay) ; ou chevronné d'or et de sinople de six pièces (le Boucq de Ternas).

IV. *Jaquemart* HARDIT, **ou** *Jacques* HARDI, nommé *de Beaulaincourt* par les généalogistes, se trouve mentionné au folio 3 du Cartulaire des rentes tournaisiennes de 1422. La date de son décès se trouve inscrite en marge du folio 9 du cartulaire des rentes de Tournai renouvelé en 1468. Il mourut le 28 avril 1482, et fut inhumé dans la chapelle du nom de Jésus en l'église métropolitaine de Cambrai. Il avait épousé, le jour de Saint-André (30 novembre) 1424, Marie *de Solesmes* (1), morte le 29 janvier 1475 (1476 n. st.), fille de Pierre *de Solesmes*, dit Lupart, écuyer, seigneur de Briastre, etc., bailli de Cambrai et de Saint-Ghislain, capitaine du château d'Escandœuvres, etc., et de Béatrix *de le Plancque* (2). De ce mariage, vinrent, entres autres enfants, deux fils et une fille, savoir :

1° JEAN, mort jeune.

2° MARIE, morte sans alliance.

3° ANTOINE HARDI, ou ANTOINE DE BEAULAINCONRT dit *Hardy*, qui suit, V.

V. *Antoine* HARDI, ou *Antoine* DE BEAULAIN-COURT, dit *Hardy*, qualifié écuyer par les généalogistes, franc-sergent de Cambrai, puis prévôt de la cité d'Arras en 1505-6, serait né vers 1451, c'est-à-dire vingt-sept ans après le mariage de son père, selon le manuscrit délaissé par feu le chevalier

----

(1) de Solesmes : de sable, à trois croissants d'argent. — de Launay donne ces armoiries écartelées avec celles de Strépy qui sont : d'or, à cinq cotices de gueules.

(2) de le Plancque : de gueules, à une aigle éployée d'argent, membrée d'azur (de Ternas).

Amédée LE BOUCQ DE TERNAS. Il mourut le 11 décembre 1508 après avoir épousé, le 10 février 1488, Marie *de Nédonchel* (1), damoiselle héritière de Bellenville (ou Belleville à Beuvry-lès-Béthune), de Marquaire, de Bertrangles, etc., morte le 7 juillet 1510, dans la paroisse de Saint-Pierre à Aire sur la Lys, fille de Robert *de Nédonchel*, écuyer, seigneur de Bellenville, etc., et de Roberte *de Hourde*, dite *de Longwez*, issue de la maison *de Béthune*, damoiselle héritière de Sevelinghe, de Molinghem, etc., (2). — De son mariage, *Antoine* DE BEAULAINCOURT obtint huit enfants qui suivent :

1º PHILIPPE, écuyer, mort jeune.

2º ROBERT, écuyer, mort jeune.

3º ANTOINE DE BEAULAINCOURT, qui suit, VI

4º JACQUES, écuyer, bailli et capitaine de Richebourg l'Avoué ; maître d'hôtel de François *de Melun*, comte d'Epinoi, etc., mort en 1550, sans alliance et aveugle.

5º MARGUERITE.

6º CHARLOTTE, mariée, par contrat du 29 mai 1513, à Jean *de Wingle*, écuyer, seigneur de Mœuvres et de Hem en Langlée, fils de Jean. Ce contrat fut passé pardevant Jean *Blocquel*, bourgeois d'Arras, garde du scel royal du bailliage

---

(1) de Nédonchel : d'azur, à la bande d'argent. — La branche de Bellenville écartelait ses armoiries avec celles de Lens qui sont : écartelé d'or et de sable. — On trouve, à la page 122 de la 3ᵉ partie de l'Histoire de Cambray et du Cambraisis de le Carpentier, un Antoine de Beaulaincourt marié avec Agnès d'Aubry, qui portait : de gueules à trois croissants d'argent, et qui était fille de Jean d'Aubry, bailli de Guise et de Honnecourt, etc., et de Jeanne Thesselt, sa seconde femme.

(2) F. V. Goethals. Miroir des notabilités nobiliaires, tome 2, page 917.

d'Amiens établi en la prévôté foraine de Beauquesne. Les témoins du côté de l'époux furent : Michel *de la Hamayde,* écuyer, et Henry *de Hénin,* écuyer, et ceux du côté de la femme furent : Robert *de Nédonchel,* écuyer ; Marguerite *de Nédonchel* veuve de Michel de Cunchy, écuyer, seigneur de Neuvirelles (Neuvireuil) ; oncle et tante maternels de Charlotte *de Beaulaincourt* ; — Jean *de Nédonchel,* écuyer, seigneur de Liévin, cousin au 2ᵉ degré ; Wallerand *de Méricourt,* écuyer, seigneur de Hocron, époux de Bonne *de Nédonchel* cousine au 2ᵉ degré ; et Charles *de Crépieul,* écuyer, seigneur des Bricques, du Taillis, etc., lieutenant-général et avoué de Béthune.

7° MARIE, femme de Jacques *Grenet,* écuyer, seigneur de Wancourt, etc., fils de Guillaume Grenet, écuyer, et de Jacqueline *d'Auffay.*

8° CATHERINE, religieuse à la Bassée.

VI. *Antoine* DE BEAULAINCOURT, écuyer, seigneur de Bellenville, de Bertrangles, de Marquaire, etc., lieutenant-général du gouverneur de Béthune, puis premier lieutenant de la gouvernance de Lille, Douai et Orchies, sous Adrien *de Croy,* comte du Rœulx, et Jean *de Montmorency,* sire de Courrières, gouverneurs au nom de l'empereur d'Allemagne Charles V, comte de Flandres. Il fut créé et couronné conseiller et premier roi d'Armes de la Toison d'or, le 29 mai 1550. Il fut envoyé extraordinaire de Charles V pour reporter au roi de France le collier de l'ordre de Saint-Michel et fut ensuite chargé de faire prendre et transporter de Nancy à Luxembourg, les restes du duc Charles de Bourgogne. Il devint *chevalier* (1) et fut chargé de diverses missions pour Marie, reine

(1) De Launay dit qu'il fut créé chevalier en 1550, à Bruxelles.

douairière de Hongrie et de Bohême, gouvernante des Pays-Bas. Il régularisa l'ordre de la Toison d'or dans les chapitres tenus à Gand et à Anvers. On trouve la description de son sceau dans l'*Inventaire des sceaux de la Flandre* de DEMAY, sous le N° 5083. ANTOINE mourut à Lille, dans la paroisse de Sainte-Catherine où il fut inhumé, vers 1559. Il avait épousé, par contrat passé à Arras, le 22 novembre 1530, Claire *de Saint-Aubin*, damoiselle héritière de Lanson, d'Ernoval ou Ernouval, etc., fille cadette de Philippe *de Saint-Aubin*, écuyer, seigneur de Wavrans, etc. (issu de l'antique maison des sires *de Saint-Aubin* à Douai), et de Marguerite *de la Beuvrière*, damoiselle héritière de Lanson, etc., issue de l'illustre maison *de Béthune*, — De ce mariage, vinrent six enfants qui suivent sous les chiffre 1°, 2°. 3°, 4°, 5°, 6° :

1° HERCULE DE BEAULAINCOURT, qui suit, VII.

2° ANTOINE, écuyer, seigneur de Lanson, d'Ernoval, etc., né en 1537, mort sans postérité le 16 novembre 1585.

3° CLAUDE, écuyer, seigneur de Toulifaut-lès-Cambrai, de la Motte-le-Goret, etc., né le 10 février 1547, vivant encore en 1605, année où, le 2 septembre, il fit avec sa troisième femme un partage de biens entre ses enfants du troisième lit par acte passé par devant maître Salomon *Druet*, notaire à Valenciennes. Il fut marié trois fois. Il épousa, en premières noces, Françoise *de la Personne*, dite *le Francq* (1), de la maison *de Verloing*, damoiselle de Guignecourt, lès-Saint-Pol en Ternois, fille d'Antoine *de la Personne*, dit *le Francq*, écuyer, seigneur de Guignecourt, etc., et de Marie *Boileau*;

(1) De la Personne, dit le Francq : de sinople, à la bande d'argent; à la bordure engrêlée d'or.

en deuxièmes noces, vers 1578, Marguerite *de Hainnecourt,*
ou *de Haynecourt* (1), damoiselle de Séranvillers, d'Awin (en
partie), etc., fille de Robert *de Haynecourt,* écuyer, seigneur
de Layens, de Séranvillers, etc., et de Marie *de Bétencourt,*
damoiselle de Chelers, etc., et, en troisièmes noces, Françoise
du Buisson (2), damoiselle de Golvez (ou Gollevé), etc.,
morte le 13 août 1637, fille de Jean *du Buisson,* écuyer,
seigneur de Hecque, de la Puissance, etc., et de Jeanne *de
Hézecques.* — CLAUDE fut père de quinze enfants; sept du premier lit morts en bas âge, et huit des deuxième et troisième
lits. Les derniers suivent sous les lettres A, B, C, D, E, F, G
et H :

Du deuxième lit :

A. *Robert,* écuyer, seigneur de Séranvillers, etc., né en
1579, mort de la peste à Cambraï en 1596.

B. *Marie,* damoiselle héritière de Séranvillers, etc., née
à Beuvry, lès-Béthune, le 1er juin 1593 (peut-être 1583),
mariée à Gilles *de Ruëlin,* écuyer, seigneur de Bry, d'Eth,
etc., fils de François *de Ruëlin,* écuyer, seigneur de Romby,
etc., et de Jacqueline *de Morchipont.*

C. *Marguerite,* morte sans alliance.

Du troisième lit :

D. *Albert,* écuyer, seigneur de Golvez, prêtre, chanoine de
la collégiale de Saint-Pierre de Leuze, né le 8 février 1598,
mort vers 1657.

E. *Louis,* écuyer, seigneur de la Motte-le-Goret, etc., mort
vers 1645, après avoir épousé, par contrat passé à Oudecap-
pel (ou Viés-Cappelle), le 14 décembre 1629, Adrienne *de
Mons* (au Créquier), fille de Chrestien *de Mons,* chevalier,
seigneur de la Courie, etc., colonel d'un régiment wallon,
gouverneur de Courtrai, etc., et d'Agnès *van Hembiese,* fille
de Butsaert *van Hembiese,* écuyer, seigneur de Grisperre,

---

(1) De Haynecourt: d'or, à trois aigles de gueules, becquées et
membrées d'azur.

(2) Du Buisson: d'argent, à trois quintefeuilles de gueules
boutonnées d'or.

d'Ogierlande, de Tanay, de Ghiet, de Steenbeke, etc., et d'Anna *van Overbeke*. De ce mariage, vinrent six enfants qui suivent sous les lettres *a, b, c, d, e, f* :

a. François, écuyer, mort 'jeune.

b. Pierre-Louis, écuyer, mort jeune.

c. Jacques-Théodore, écuyer, seigneur de Golvez, de la Motte-le-Goret, etc., marié, le 1er décembre 1657, à Barbe-Anne *Crabbe*, ou *Scrabbe* (1), damoiselle de Tenant (à Frimont), etc. Il laissa, entre autres enfants, une fille qui suit :

AA. Marie-Jeanne, née le 22 janvier 1660, baptisée à Bruxelles dans l'église de Notre-Dame de Finis-Terræ, morte à Tirlemont le 4 janvier 1747, après avoir épousé, à Sainte-Gudule de Bruxelles, le 15 février 1695, André *de Ladeuse*, dit *de Lados*, alcade du Parc royal de Bruxelles, né à Landrecies, veuf de doña Juana *de Tobar y Marquina* et de Jeanne-Thérèse *Coppenolle*, et fils de Jean-François *de Ladeuse*, échevin de Landrecies. — André *de Ladeuse*, dit *Lados*, écuyer (anobli par lettres patentes données à Madrid, le 27 janvier 1664, enregistrées à Bruges le 6 septembre de la dite année), fut auteur, par son troisième mariage, d'une famille DE LADOS DE BEAULAINCOURT dont on trouve la généalogie dans le *Miroir des notabilités nobiliaires* de F. V. GOETHALS, tome 1er, pages 714 et suivantes. Le dernier représentant de cette famille fut *Isidore-Marie-Jean*, comte DE LADOS DE BEAULAINCOURT, mort à Bruxelles le 25 octobre 1812.

d. Agnès-Charlotte.

e. Pierre-Claude, écuyer, né le 11 juin 1643, mort sans alliance.

f. Marie-Albertine, morte âgée de neuf ans.

F. *François*, écuyer, seigneur en Auberchicourt. marié à Marie *Raullin*, dite *de Raulin* (2), veuve d'un seigneur de Haine-Saint-Paul et de Jolimont, fille de Georges *Raullin*,

---

(1) Crabbe, ou Scrabbe : d'argent, à trois mouchetures d'hermines de sable.

(2) Raullin, ou de Raulin : d'argent, à trois roses de gueules, boutonnées d'or, soutenues et feuillées de sinople.

écuyer, seigneur de Belleval, de Beaumont, etc. (1), et de Magdeleine *de Bonmarchiet* (2). — De ce mariage, vinrent six enfants qui suivent sous les lettres *a, b, c, d, e, f*; savoir:

a. Albert-François, écuyer, capitaine d'une compagnie d'infanterie, mort sans alliance au siège de Barcelone en 1652, lorsque l'Espagne, qu'il servait, reconquit cette ville.

b. Georges-Alard, écuyer, mort en Espagne, sans alliance.

c. Gilles, écuyer.

d. François, écuyer (3).

e. Marie-Albertine.

f. N....., fille.

G. *Claude,* écuyer, tué, étant porte-enseigne au **service** impérial allemand, dans **un combat contre les Turcs.**

H. *Jeanne,* morte âgée de 21 ans.

4° ADRIENNE, morte sans alliance.

5° AGNÈS, morte aussi sans alliance.

6° MARIE, religieuse non professe à l'abbaye noble de Forest, lès-Bruxelles (4).

(1) Georges Raullin était fils de Philippe Raullin et de Magdeleine Blocquel.

(2) Magdeleine de Bonmarchiet était fille de Guy de Bonmarchiet, écuyer, et de Catherine du Bosquiel.

(3) Peut-être faut-il considérer comme enfants de Gilles ou de François, Marie-Jacqueline de Beaulaincourt, mariée à Valenciennes, en l'église de Notre-Dame de la Chaussée, le 26 septembre 1700, à Guy de la Vigne, écuyer, et Barbe-Florence-Philippine de Beaulaincourt qui fut témoin du mariage de sa sœur.

(4) S'il est permis d'ajouter foi à la partie ancienne de la généalogie de la famille le Hardy publiée dans l'Annuaire de la noblesse de France pour 1857, il faudrait joindre aux six enfants d'Antoine de Beaulaincourt et de Claire de Saint-Aubin, un septième qu'on y trouve à la page 248, Jérômette de Beaulaincourt mariée en 1599, à Jacques le Hardy.— On rencontre encore, à la page 173 de la 3e partie de l'*Histoire de Cambray et du Cambresis de* LE CARPENTIER, un Pierre *de Beaulaincourt,* vivant vers 1580, et marié à Suzanne *de Bassecourt,* fille de Claude *de Bassecourt,* écuyer, et de Marie *du Riez,* damoiselle de Monchy-au-Bois.

VII. *Hercule* DE BEAULAINCOURT, chevalier, seigneur de Bellenville, de Bertrangles, de Marquaire, etc., né le 24 novembre 1532, testa le 21 septembre 1581 et mourut à Douai avant le 10 février 1582, date de l'approbation de son testament. Dans cet acte, il demande à être inhumé près de sa femme en l'église des frères-prêcheurs à Douai. Il avait épousé, par contrat passé au Quesnoi-lès-Valenciennes, par-devant les hommes de fief de Hainaut et Cour de Mons, le 31 janvier 1570, Jérosmette *d'Esclaibes*, morte à Douai, le 22 janvier 1579, fille de Georges *d'Esclaibes*, écuyer, seigneur de Péruwez, Avesnes-les-Aubert, Clermont, etc., et de Marie *de Villers-au-Tertre*. — De ce mariage, vinrent trois enfants qui suivent :

1° GEORGES DE BEAULAINCOURT, qui suit, VIII.

2° MARIE. Selon le testament de son père, elle eut, dans sa part d'héritage, la maison sise à Douai.

3° ANTOINE, écuyer, seigneur de Lanson, de Quéant (à Bénifontaine), d'Oremeaux, etc., inhumé près de sa femme en l'église des chanoines de Condé-sur-Escaut, avait passé sa jeunesse à suivre les princes en qualité de gentilhomme volontaire et il avait assisté à plusieurs expéditions de guerre avec deux ou trois chevaux levés à ses frais comme le rapportent les lettres de chevalerie accordées à son fils en 1632. Il avait été héritier en partie de son oncle ANTOINE mort en 1585. Il avait épousé, par contrat du 12 août 159', Jacqueline *de Failly* (*aux haches*, ou *aux doloires*), fille de Jacques *de Failly*, écuyer, seigneur du Fay, etc., et de Catherine *d'Anneux*, dite *d'Abancourt*. De ce mariage, vinrent deux enfants; savoir :

A. *Georges*, écuyer, seigneur de Lanson, etc., maïeur héréditaire de Bénifontaine, créé *chevalier* par lettres données à Madrid le 27 mars 1632, enregistrées en la Chambre des Comptes de Lille, le 12 septembre 1641 (1). Il mourut sans postérité à Condé-sur-Escaut en 1668, après avoir épousé, dans cette ville, Marie *des Enffans*, fille de Jacques *des Enffans*, seigneur du Fermont, etc., échevin et prévôt-le-comte de Valenciennes, anobli en 1642, et de Marie-Jeanne *de Haynin-Warlaing*.

B. *Marie*, chanoinesse à Denain.

VIII. *Georges* DE BEAULAINCOURT, écuyer, seigneur de Bellenville, d'Ernoval, de Marquaire, de Florival (à Chin-lès-Tournai), etc., fut marié deux fois. Il épousa, en premières noces, par contrat du 13 août 1594, Hélène *de Mons* (au crequier), damoiselle de Baillelet, de la Beuvrière, etc., morte en 1624, fille de Jean *de Mons*, écuyer, seigneur de Baillelet, de la Beuvrière, de Lestre, de Beugin, etc., et de Jacqueline *de la Forge*, damoiselle de Tilly-la-Motte, etc , et, en secondes noces, le 12 février 1631, Eléonore *de Villers-au-Tertre*. — Le 8 décembre 1598, il acheta la terre de Florival que lui vendit Matteo *Corvini*, écuyer, capitaine romagnol au service d'Espagne, qui en était seigneur (2) ; et il la revendit, trois ou quatre ans plus tard, à Lamorald *de Landas*, chevalier, seigneur de Ramegnies, de Rosne, etc. Il fit en 1601, avec sa première femme, un testament conjonctif qui fut collationné à Béthune, le 15 février

(1) Archives départementales du Nord à Lille, LXVII registre des Chartes, fol. 147.

(2) Bulletins de la Société historique et littéraire de Tournai, 1865. Tome 10, p. 81.

1630. — Du premier mariage, vinrent cinq enfants qui suivent.

1° Georges DE BEAULAINCOURT, qui suit, IX.

2° Adrien, écuyer, seigneur d'Ernoval, etc., mort sans alliance dans le cours d'un voyage qu'il fit à Rome.

3° Lamorald, écuyer, seigneur d'Ernoval, etc., après le décès de son frère Adrien. Il fut capitaine au service du gouvernement des Pays-Bas espagnols.

4° Susanne, mariée le 25 juin 1630, à Charles *du Bus*, écuyer, seigneur de Lansbecque (ou Languebeck), de Magnicourt, etc., gouverneur de la Gorgue, fils d'Antoine *du Bus*, écuyer, seigneur de Magnicourt, etc., gouverneur du pays de Lallœud, et de Marguerite *Laurent*, dite *de Preumonteau* (1).

5° Jean, écuyer, baptisé à Béthune, dans l'église de la Sainte-Croix, le 5 juillet 1615.

IX. *Georges* DE BEAULAINCOURT, écuyer, seigneur de Bellenville, de la Beuvrière, etc., mort peut-être en 1638 (car cette date pourrait-être celle de la mort de son père), fut marié par contrat du 3 mai 1630, et religieusement le lendemain, à Magdeleine *des Plancques*, dite *de Béthune*, damoiselle de Bayeux, de la Motte-en-Bajus, de Hamel, etc., morte veuve le 4 juillet 1654, en l'abbaye des dames de Gosnay, fille de Jean *des Planques*, écuyer, seigneur de Hesdigneul, de Tencque, de Tencquette, des Préanx, d'Izellez-Esquerchin, d'Estrées, de Cauchie, etc., et de Françoise *de Fléchin*, dame de Reclinghem, etc. Il laissa un fils qui suit, X :

(1) du Bus : d'azur, au chevron d'argent, chargé de trois mouchetures d'hermines de sable, dont une sur la pointe, et accompagné de trois molettes d'or. — F. V. Goethals. Généalogies de familles du Bus, à la suite de celle des du Bus de Gisignies, page 54.

X. *Georges-François* DE BEAULAINCOURT, écuyer, qualifié *chevalier* dans plusieurs actes, seigneur de Bellenville, de Baillelet, de la Beuvrière, de Bayeux, de la Motte–en–Bajus, de Fléchinel, etc., fut marié deux fois. Il épousa, en premières noces, par contrat du 16 juin 1654, Marie-Françoise *de Hamel–Bellenglise*, morte le 17 juillet 1666, fille de Robert *de Hamel-Bellenglise*, chevalier, vicomte de Beaumont, seigneur de Grand-Rullecourt, de Bourecq-sur-Canche, etc., capitaine de cuirassiers, et de Jérômette *d'Esclaibes* ; et, en secondes noces, Eléonore-Thérèse *Malet de Coupigny*, morte le 14 mars 1683, fille de Philippe *Malet de Coupigny*, chevalier, seigneur de Salau, de Fouquières, de Locon, etc., et d'Anne *Laureins*, dame de Wyngarde, sa première femme. — Du premier lit, vinrent sept enfants qui suivent ; savoir :

1° JEAN-GEORGES DE BEAULAINCOURT, qui suit, XI.

2° GEORGES-PHILIPPE, écuyer, seigneur de la Motte-en-Bajus, de Fléchinel, etc., lieutenant au régiment de Bassigny, puis au régiment du Dauphin (service de France). Il épousa Marie-Jeanne *Petit* qui lui donna une fille :

A. *Marie-Josèphe*, morte à Douai, dans la paroisse de Saint-Albin, le 6 juillet 1720, étant pensionnaire au couvent de la Congrégation dans l'église duquel elle fut inhumée.

3° FRANÇOIS, écuyer, religieux à l'abbaye de Saint-Vaast en Arras.

4° CHARLES-FRANÇOIS, écuyer, seigneur de Hamel, de Frévillers, etc., lieutenant au régiment de Beauvoisis, tué au siége de Mayence (1689).

5° ALBERT, écuyer, seigneur de Bayeux, etc., lieutenant au

régiment royal-wallon, mort à Nice des suites d'un coup de fusil reçu en combattant dans les montagnes du Piémont (1).

6° ANTOINETTE-THÉRÈSE.

7° ISABELLE-LOUISE.

XI. *Jean-Georges* DE BEAULAINCOURT, écuyer, seigneur de Bellenville, de Baillelet, de la Beuvrière, etc., né le 11 mai 1656, fut le *premier comte de Marles* (lès-Béthune) *et de la Beuvrière réunis.* Il acquit Marles que lui céda le marquis de Lisbourg (Balthazar *de Noyelles*), pour suivre sa côte et ligne comme véritable lignagé et parent dudit marquis de Lisbourg, *comte* DE MARLES. Il en fit les preuves devant la cour et obtint en février 1696, l'érection de cette seigneurie jointe à celle de la Beuvrière en comté sous le nom de *comté de Marles.* L'enregistrement des lettres-patentes en fut fait à Arras, le 9 mai 1697 (2). Il épousa Marie-Thérèse *de Marieux*, fille de Charles-Alexandre-Joseph *de Marieux*, chevalier, seigneur de Montonnay, etc., et de Marguerite *d'Aix*. De ce mariage, vinrent trois enfants qui suivent :

(1) Archives départementales du Pas-de-Calais. Registre de l'élection d'Artois pour les années 1675 à 1714, folio 400.

(2) Archives départementales du Pas-de-Calais. Registre de l'Élection d'Artois de 1675 à 1714, folio 400. — La seigneurie de Marles-lès-Béthune avait déjà été érigée en comté par les archiducs Albert et Isabelle, souverains des Pays-Bas, par lettres données en 1621 en faveur d'Adrien de Noyelles, chevalier, seigneur de Marles, de Rossignol, etc., conseiller d'épée du Conseil d'Etat des Pays-Bas, fils de Jean de Noyelles, écuyer, seigneur de Marles, etc., et de Marie Quiéret, et aïeul de Balthazar de Noyelles, chevalier, comte de Marles, de son chef, et marquis de Lisbourg *causâ uxoris*.

1° Philippe-Alexandre DE BEAULAINCOURT, *deuxième comte* DE MARLES, qui suit, XII.

2° Léon-Ange DE BEAULAINCOURT, qui suivra, XII BIS, comme auteur de la branche cadette dite *de Bellenville*.

3° Marie-Augustine-Monique, née en 1695, religieuse au couvent de Steenvoorde, prit l'habit le 8 avril 1713 et fit profession, le 22 avril 1714, à l'âge de 19 ans (1).

XII. *Philippe-Alexandre* DE BEAULAINCOURT, chevalier, *deuxième comte* DE MARLES, seigneur dudit lieu, de la Beuvrière, etc., né le 7 mai 1687, mort au château de la Beuvrière, le 26 janvier 1754, inhumé dans l'église de Marles, fut membre de l'Etat noble d'Artois. Il épousa, par contrat du 22 décembre 1711, et religieusement en l'église de la Madeleine de Lille, le lendemain, Marie-Catherine-Thérèse-François *le Vaillant du Châtelet*, baptisée à Hollain-lès-Tournai, le 28 juin 1680, fille de Philippe-François *le Vaillant*, écuyer, seigneur de Merlain, du Châtelet, etc., et de Jeanne-Thérèse *des Enffans du Ponthois*. Il fut père d'un fils qui suit, XIII.

XIII. *Alexandre-Auguste-Joseph* DE BEAULAINCOURT, chevalier, *troisième comte* DE MARLES, seigneur dudit lieu, de la Beuvrière, de la Motte-en-Bajus, etc., député ordinaire des Etats d'Artois en 1779, 80, 81, et de la Noblesse à la Cour, en 1781, avait été nommé maïeur de Béthune en 1750, et en cette qualité fut réélu pour trois ans en 1765, et maintenu à la demande des notables en 1769. Né en 1712, il épousa, le 8 mai 1739, Marie-Thérèse-

(1) Annales du comité flamand de France, tome 7. Notice sur le couvent de Steenvoorde par H. du Feutrel.

Henriette-Védastine *le Henry* (1), dame héritière de Vaudricourt, etc., fille de Pierre-Antoine *le Henry*, écuyer. seigneur de Vaudricourt, de Sévelinghe, etc., et de Nicole-Védastine *du Pire*. Il fut père de sept enfants qui suivent, savoir :

1° ANGE-GHISLAIN-ALEXANDRE-JOSEPH DE BEAULAINCOURT, QUATRIÈME COMTE DE MARLES, qui suit, XIV.

2° JEANNE-FRANÇOISE-JOSÈPHE, née le 13 juillet 1746, mariée à Saint-Vaast de Béthune, le 14 février 1768, avec François, vicomte *de Foucault*, seigneur de la Renaudie (lès-Bergerac, Dordogne), du Pont, etc., chevalier de Saint-Louis, colonel du régiment de l'Ile de France, qui devint brigadier d'infanterie le 1ᵉʳ mars 1780, et qui était né à Lembras, diocèse de Périgueux, et fils de Léon, vicomte *de Foucault*, chevalier, seigneur de Blis, de la Renaudie, du Pont, de Clérac, etc., et de Susanne *de Tessières*.

3° MARIE-CHARLOTTE-JOSÈPHE, née le 5 novembre 1747, morte le 17 mai 1778, après avoir épousé, le 15 mai 1768, à Saint-Vaast de Béthune, Philippe-François-Joseph *de Genevières* (2), chevalier, seigneur de Creule, de Hautemaison, de Lambersart, etc., né le 2 février 1748, fils de Lamorald-François *de Genevières* (2), chevalier, seigneur de Cocove, de Moyecques, etc., et de Marie-Catherine-Thérèse *Verghelle*, sa seconde femme.

4° PHILIPPE-ALEXANDRE-JOSEPH DE BEAULAINCOURT, qui suivra, XIV bis, comme auteur de la branche cadette dite *de Cocquerel*, fixée à Herlies, près de la Bassée.

5° CÉSAR-AUGUSTE-JOSEPH, chevalier, dit *Monsieur le chevalier* DE LA BEUVRIÈRE. seigneur dudit lieu, officier au régiment Royal-dragons, né le 11 février 1751, marié, le 31 mars 1778, à

---

(1) le Henry : de gueules, au chevron d'or, accompagné de trois croisettes d'argent ; au chef cousu : d'azur, chargé d'une molette d'or.

(2) de Genevières : d'or, au chevron d'azur, accompagné de trois hures de sanglier de sable.

Marie-Cécile-Charlotte-Josèphe *de Beaulaincourt de Bellen-*
ville, sa cousine issue de germain, baptisée à Sainte-Croix de
Béthune, le 24 février 1763, morte le 19 février 1830, fille de
Philippe-Alexandre-Ange *de Beaulaincourt,* chevalier, seigneur
de Bellenville, de Bertrangles, etc, et de Ludivine-Philippe-
Charlotte-Louise *Gourdin de Drinkham.* Il fut père de trois
enfants, savoir :

A. *Charlotte-Alexandrine,* née le 18 février 1780, morte à
Béthune, le 15 juillet 1859, mariée avec Augustin-Louis
Doresmieulx de Fouquières, écuyer.

B. *Joséphine,* morte sans alliance.

C. *Ludivine-Joséphine-Charlotte,* née en 1798, morte au
château de la Beuvrière, le 21 novembre 1870, mariée à Félix *Gaillard de Blairville* (1), écuyer. dit *le baron de Blair-*
ville.

6° VALENTIN-AUGUSTE-JOSEPH, chevalier, dit *Monsieur le*
chevalier de Vaudricourt, né à Béthune, y baptisé à Saint-
Vaast. le 14 février 1753, officier au régiment de Languedoc-
infanterie, décédé sans alliance, le 7 décembre 1781, au château
de la Renaudie près de Bergerac (Dordogne).

7° JOSEPH-LOUIS-ANGE, chevalier, né à Béthune, y baptisé à
Saint-Vast, le 11 mai 1755, mort sans alliance.

XIV. *Ange-Ghislain-Alexandre-Joseph* DE BEAU-
LAINCOURT, chevalier, *quatrième comte* DE MARLES,
seigneur dudit lieu, de Vaudricourt, de la Motte-en-
Bajus, etc., membre des Etats d'Artois, premier capitaine au régiment Royal-dragons, chevalier de Saint-
Louis, né le 25 juillet 1744, fut guillotiné révolu-
tionnairement à Arras, le 16 germinal, an II (5 avril
1794). Il avait épousé, à l'abbaye d'Estrun, le 26

---

(1) Gaillard de Blairville : d'argent, à deux fasces de sable,
accompagnées de six quintefeuilles du même, 3 rangées en chef,
2 entre les fasces et 1 en pointe.

juin 1770, Albertine-Françoise-Alexandrine *de Ge-nevières*, dame de Samette, de Wavans, de Beau-voir-Rivière, etc., née le 29 février 1748, morte au château de Wavans, le 1er juillet 1820, fille de Char-les-Joseph *de Genevières*, chevalier héréditaire, seigneur de Berthelot, etc., et de Marie-Albertine *de Brix*. De ce mariage, vinrent onze enfants qui suivent ; ce sont :

1° N....., né en 1771, mort enfant à Vaudricourt.

2° ANGE-PHILIPPE-AUGUSTE-JOSEPH, dit *Augustin* DE BEAU-LAINCOURT, *cinquième comte* DE MARLES, qui suit, XV.

3° FRANÇOIS-PHILIPPE-ALEXANDRE-JOSEPH, chevalier, reçu chevalier de Malte de minorité le 15 mai 1774, officier au service d'Espagne, fut enseigne aux gardes-wallonnes, le 12 juin 1798 ; sous-aide-major, le 4 septembre 1799, puis revint en France étant colonel d'un régiment espagnol. Il mourut sans alliance à Arras, le 6 janvier 1818.

4° SYLVIE-SCHOLASTIQUE-PHARAÏLDE-CHARLOTTE-JOSÈPHE, née le 16 juin 1775, morte le 20 juillet 1835, mariée le 25 novembre 1801, à Charles-Ange-Albert-Joseph *de Beaulaincourt*, che-valier, qu'on verra, ci-après, au degré XIV de la branche *de Bellenville*, page 39.

5° ALBERTINE-VALENTINE-JOSÈPHE, née le 7 juillet 1777.

6° CHARLOTTE-PHILIPPINE-ALEXANDRINE-JOSÈPHE, née le 4 fé-vrier 1780, mariée le 26 avril 1808, à Joseph-Charles-Marie-Ange *de Beaulaincourt*, chevalier, né le 20 juin 1777, qu'on verra, ci-après, au 4° du degré XIII de la branche de Bellen-ville, page 38.

7° FRANÇOISE-ANGÉLIQUE-JOSÈPHE, mariée en 1820, à N.... *Waroquier de Beaupré*, écuyer. Elle mourut le 20 mars 1839.

8° ANTOINE-ANGE-PHILIPPE-CHARLES-JOSEPH, dit *le chevalier de Vaudricourt*, propriétaire de l'ancienne seigneurie de ce nom, né le 10 août 1784, mort le 25 décembre 1826. Il fut témoin du mariage de son frère, *le chevalier de Wavans*, en 1819.

9° Ange-Philippe-Auguste-Charles-Joseph DE BEAULAIN-COURT, dit *le chevalier de Wavans*, qui suit, XVbis, comme auteur de la branche dite *de Wavans*.

10° Ange-Charles-Albert-Joseph, dit *le chevalier de Samette*, né le 1er février 1791, mort le 6 février 1810, sans alliance, étant officier au 19e régiment de ligne au service de l'Empire français.

11° Albertine-Alexandrine-Joséphine, morte le 26 octobre 1840, après avoir épousé, le 22 juillet 1812, François-Juste, marquis *de Fussey*, fils de Charles-François-Juste, marquis *de Fussey* et de Madeleine *Labbé de Rouvraye*.

XV. *Ange-Philippe-Auguste-Joseph*, dit *Augustin* DE Beaulaincourt, *cinquième comte* DE Marles, né à Remaisnil, le 23 juin 1772, mort le 30 juin 1842, après avoir servi l'Espagne en qualité d'officier aux gardes wallonnes où il fut enseigne le 11 septembre 1794, et sous-lieutenant le 23 octobre 1798. Il devint plus tard chevalier de l'Ordre royal et militaire de Saint-Louis. Il épousa, en premières noces, Ramon-de-Ventura *de Guardia y Ardebal*, morte à Barcelone, le 22 août 1808 ; et, en secondes noces, à Arras, le 8 août 1821, Albertine-Félicité *Aubron*, née dans ladite ville, le 2 mars 1797, fille de Philippe-Albert-Alphonse *Aubron*, licencié en droits, avoué, membre du conseil municipal d'Arras, et d'Anne-Félicité-Josèphe *Gayant*. Il fut père de six enfants qui suivent :

Du premier lit :

1° Françoise de Paule-Alexandrine-Joséphine, née le 19 mars 1803, morte en bas âge.

2e Charles-Auguste-Ferdinand-Joseph, chevalier, né le 18 mai 1804, mort jeune.

3o Joseph-Auguste-Ange DE BEAULAINCOURT, *sixième comte* DE MARLES, né à Barcelone, le 7 août 1805, mort au château de Beauvoir-Rivière près d'Abbeville, le 4 septembre 1871, sans postérité de son mariage contracté, le 24 novembre 1840, avec Laure-Mélite-Adélaïde *d'Ostrel*, morte âgée de 49 ans, audit château de Beauvoir-Rivière, le 30 novembre 1861, fille de Philippe-François, baron d'*Ostrel de Flers*, et de Marie-Louise-Thérèse *d'Herbais de Thun*.

4e Melchior-Ange-Philippe-Joseph, chevalier, né en 1807, marié à Hesdin, le 4 septembre 1843, avec Mathilde *le Merchier de Regnaucourt*, née en 1823, au château de Vanières près de Villeman, fille de Carlos *le Merchier de Regnaucourt*, écuyer, et de N.... *d'Anvin*. Il fut père d'une fille :

A. *Joséphine-Charlotte*, née en 1846, mariée à Sainte-Austreberthe-lès-Hesdin, vers 1867-68, avec Alexandre *Brunet de la Charrie*, écuyer.

Du second lit :

5e Marie-Albertine-Joséphine, née le 6 juillet 1823, mariée le 17 juin 1851, avec Henri *Guichard*, magistrat, juge au tribunal d'Abbeville.

6e Auguste-Philippe-Joseph, chevalier, officier de cavalerie, né le 12 juin 1824, marié le 28 novembre 1854, à Marie *Earcher*. Il fut père de plusieurs filles.

Branche dite *de Wavans*.

XVbis *Ange-Philippe-Auguste-Charles-Joseph* DE BEAULAINCOURT, dit *le chevalier* DE WAVANS, capitaine au corps royal d'Etat-major ; aide-de-camp du comte *de Quinsonnas*, commandant militaire du département du Nord, en 1819 ; chevalier de la Légion d'honneur ; posséda l'ancienne seigneurie de Wavans, dans le château de laquelle il était né le 26 juin 1786, neuvième enfant et cinquième fils du quatrième comte *de Marles* qu'on a vu, ci-devant, page 27, ligne 23. Il épousa, à Tournai en Tournaisis, le 7 juillet 1819, Julienne-Colette-Ghislaine-Joséphine *de Benoist de Gentissart*, née à Gand, le 17 mai 1789, morte à Verdun–sur–Meuse, le 30 mars 1861, fille de Charles–Eugène–Marie, baron *de Benoist de Gentissart* et d'Isabelle–Marie–Thérèse–Charlotte *de Wulf*, sa seconde femme (1). — De ce mariage, vinrent six enfants qui suivent :

1º VICTOR-EMMANUEL-ANGE-STANISLAS-MARIE, chevalier, chef d'escadron d'artillerie, chevalier de la Légion d'honneur, né le 19 avril 1820, mort à Berlin, en août 1861, sans postérité, après avoir épousé, à Paris, le 12 octobre 1859, Ruth-Charlotte-Sophie *de Castellane*, veuve d'Erasme-Henri, marquis *de Contades*, et fille d'Esprit-Victor-Elisabeth-Boniface, comte de *Castellane*, ancien membre de la Chambre des pairs, maréchal de France, etc., et de Louise-Cordelière-Acharis *Greffulhe*.

(1) Les témoins de ce mariage furent : (Antoine)-Ange-Philippe-Charles-Joseph de Beaulaincourt, chevalier de Vaudricourt, âgé de 35 ans, frère de l'époux ; Charles-Albert-Joseph-Ange, comte de Beaulaincourt, chevalier de Saint-Louis, âgé de 48 ans, cousin et beau-frère de l'époux ; Antoine-Louis, chevalier-marquis de Wignacourt, lieutenant-général des armées du roi de France en retraite, chevalier de Saint-Jean de Jérusalem et de Saint-Louis, âgé de 61 ans ; (Octave)-César-Alexandre-Joseph-(Marie), chevalier-marquis de Nédonchel, maréchal de camp en retraite, chevalier de Saint-Louis, âgé de 70 ans.

2° Elmire-Alexandrine-Catherine-Thérèse-Caroline-Angé-lique-Julie, née le 21 septembre 1821, morte à Paris, le 23 février 1885, après avoir épousé, le 26 mai 1841, Anatole *de la Forge* (1), chevalier (titré *comte* dans les lettres de décès de sa femme), publiciste français, député, ancien préfet de l'Aisne, défenseur de Saint-Quentin contre les Allemands le 8 octobre 1870, officier de la Légion d'Honneur, né le 1er avril 1821.

3° Emma-Caroline-Angélique-Hubertine, née le 25 juillet 1823 ; sans alliance.

4° Céline-Henriette-Silvie-Pharaïlde-Angélique, née le 11 janvier 1825, mariée le 16 mai 1846, avec Eugène *Pastré*.

5° Enguerrand-Louis-Ange, chevalier, officier de la Légion d'Honneur, né le 23 novembre 1826, était, en 1866, chef d'escadron au 2e régiment de Chasseurs d'Afriqne au Mexique.

6° Valérie-Gabrielle-Angélique-Caroline, née le 13 juin 1828, morte sans alliance à Paris, le 10 juillet 1856.

Branche dite *de Cocquerel*.

XIV bis. *Philippe Alexandre-Joseph* de Beaulain-court, chevalier, dit *le vicomte de Beaulaincourt*, seigneur de Cocquerel, etc., capitaine de cavalerie, chevalier de Saint-Louis, né à Vaudricourt, le 13 mai 1749, mort âgé de 78 ans, à Sainghin en-Wep-pes, le 17 septembre 1827, était le quatrième enfant et le deuxième fils du *troisième comte* de Marles, qu'on a vu, ci-devant, degré XIII, page 25, ligne 21. Il avait épousé, le 5 juin 1781, Elisabeth-Françoise-Thérèse *Lejay*, née à Arras, morte audit Sainghin, âgée de 80 ans, le 13 octobre 1843, fille de Pierre-François-Marie *Lejay*, écuyer, seigneur de Massuère,

---

(1) de la Forge : de gueules, à trois trèfles d'or. Cimier : tête et col d'une licorne d'argent, cornée, crinée et barbée d'or.

etc., et de Marie-Louise-Gabrielle *Boistel*. — De ce mariage, vinrent quatre enfants qui suivent :

1° Louis-Alexandre-Auguste, né à Sainghin-en-Weppes, le 21 mars 1782, mort le 30 dudit mois, inhumé à Vaudricourt.

2° Louis-Alexandre-Auguste de Beaulaincourt, qui suit, XV.

3° Adélaïde-Elisabeth, née à Sainghin-en-Weppes, le 19 novembre 1784, y décédée le 7 janvier 1842, après y avoir épousé, le 27 avril 1828, Melchiade-Joseph *Delefosse*, avocat, juge suppléant au tribunal de Lille, né audit Sainghin, le 2 février 1789, veuf de Henriette-Angélique Roussel, et fils de Nicolas-Joseph *Delefosse*, propriétaire à Fournes, et d'Augustine-Josèphe *Dubuisson*.

4° Henri-Charles-Joseph, chevalier, né à Sainghin - en-Weppes, le 18 brumaire, an VI (8 novembre 1797), y épousa, en premières nòces, le 16 août 1842, Sophie-Aimée-Josèphe *de Bourgogne*, née à la Gorgue, le 5 juillet 1806, morte audit Sainghin, le 31 août 1852, fille de Jean-Baptiste-Joseph *de Bourgogne*, domicilié à Estaires , et d'Albertine-Josèphe *Isble*; et, en secondes noces, audit Sainghin, le 15 février 1858, Adélaïde-Josèphe *Dutoit*. — Du premier lit, vinrent deux filles.

XV. *Louis-Alexandre-Auguste* de Beaulaincourt, chevalier, dit *le vicomte de Beaulaincourt*, né à Sainghin-en-Weppes, le 15 février 1783, mort à Herlies, le 1ᵉʳ mars 1865, avait épousé audit Herlies, le 16 mars 1813, Célestine-Amélie-Josèphe *Morel*, née audit lieu en 1785, fille de Jacques-François *Morel* et de Séraphine-Josèphe *Barbery*. — De ce mariage, vinrent cinq enfants, nés à Herlies, qui suivent :

1° LOUIS-IDESBALD-JULIEN-JOSEPH, chevalier, né le 21 mars 1813.

2° HENRI-MICHEL-JOSEPH, chevalier, né le 13 juin 1814, marié, à Aubers, le 22 juin 1853, avec Charlotte-Philippine Josèphe *Adam*, née audit lieu, le 2 juin 1832, fille de Denis-Edouard-Philippe *Adam* et d'Alexandrine-Charlotte *Bavière*.

De ce mariage, est né un fils qui suit:

A. *Henri*, chevalier.

3° EDOUARD-LOUIS-JOSEPH, chevalier, né le 29 janvier 1816.

4° ELISA-CÉLESTINE, née le 13 février 1819.

5° ADOLPHINE-EDOUARDINE, en religion *Sœur Henriette*, née le 12 avril 1824, religieuse de l'Enfant-Jésus à Merville.

BRANCHE dite *de Bellenville*.

XII ^bis. *Léon-Ange* DE BEAULAINCOURT, chevalier, seigneur de Bellenville, de Bertrangles, de Marquaire, etc., capitaine au régiment de Luxembourg, chevalier de Saint-Louis, né le 10 février 1690, mort le 15 novembre 1750, était le deuxième enfant du *premier comte* DE MARLES, qu'on a vu ci-devant, page 24, ligne 5. Il avait épousé, le 31 mai 1724, Alexandrine-Valentine-Françoise *Boudart de Couturelle*, dame de Warlincourt, etc., née le 10 janvier 1698, morte le 20 janvier 1753, veuve, avec un fils (1), de Philippe-Joseph *Dupont*, écuyer, seigneur

---

(1) Le fils du premier lit de Madame de Beaulaincourt, née Boudart, portait le même prénom que son père. Il était seigneur de Villers-lès-Cagnicourt, Taigneville, Estrasselles, Ermin, Quatreville, etc., et sénéchal héréditaire de la ville de Loos en Flandres, selon récépissé du dénombrement servi le 28 juin 1745, par Charles-François de Sars, chevalier de Romeries, pour son fief de la Mairie héréditaire du Brucquet relevant de la seigneurie de Cagnicourt.

de Villers-lès-Cagnicourt, de Taigneville, etc., et fille
de Gérard-Joseph *Boudart de Couturelle*, écuyer,
seigneur de Couturelle, etc., et d'Antoinette-Isabelle-
Magdeleine *du Riez de Hucliers*. — LÉON-ANGE *de
Beaulaincourt* fut père de quatre enfants qui suivent :

1° PHILIPPE-ALEXANDRE-ANGE, chevalier, seigneur de Bellenville, de Bertrangles, de Marquaire, de Warlincourt, etc.,
né le 8 février 1726, mort le 17 août 1772, fut marié trois
fois. Il épousa, en premières noces, à Saint-Pierre de Lille,
le 15 avril 1758, Marie-Thérèse-Caroline *Hespel*, née en
1734, morte en couches, le 17 novembre 1758 (1), fille de Fran-
çois-Joseph *Hespel*, écuyer, seigneur de la Vallée, etc., et
d'Isabelle-Catherine-Josèphe *de Mariaval* ; en secondes
noces, à Bailleul-Douxlieu, le 20 juin 1759, Ludivine-Philippe-
Charlotte-Louise *Gourdin*, ou *Desgourdins*, dame de Drinckam,
de Terrimers, etc., née audit Bailleul, le 11 juin 1739, morte au
château de Bellenville, le 29 juillet 1761, fille de Philippe-
Louis *Gourdin*, seigneur de Drinckam, etc., et de Marie-
Anne-Philippe *Cléénewerck* ; et, en troisièmes noces, Marie-
Charlotte *Papin*, dame de Belleforière (à Beuvry-lès-Béthune),
née en 1734 (2). — PHILIPPE-ALEXANDRE-ANGE fut père de
quatre enfants qui suivent :

Du second lit :

A. *Marie-Cécile-Charlotte-Josèphe*, baptisée à Béthune,
dans l'église de Sainte-Croix, le 24 février 1763, près de deux

(1) Bibliothèque nationale à Paris, manuscrit français N° 14354.
Coupigny. Recueil héraldique d'Artois et de Flandre, de 1752.
Folio 64, addition (Communication de M^r. Félix Brassart).
(2) Papin : d'azur, à trois pommes de pin d'or.

ans après le décès de sa mère. Elle mourut le 19 juillet 1830, après avoir épousé, le 31 mars 1778, son cousin issu de germain, César-Auguste-Joseph DE BEAULAINCOURT, *chevalier de la Beuvrière*, qu'on a vu, ci-devant, page 26, ligne 27.—Elle avait eu, pour marraine, Marie-Godelive-Béatrice-Cécile *(de) Gourdin.*

Du troisième lit :

B. *Elisabeth-Charlotte-Honorée-Justine,* baptisée à Sainte-Croix de Béthune, le 29 mars 1764, fut reçue à la Sainte et Noble Famille de Lille, le 6 avril 1771 (1). Elle épousa, en premières noces, Louis-François *Tillette d'Eaucourt,* écuyer ; et, en secondes noces, Théodore *de la Porte de Remaisnil.*

C. *Alexandrine,* femme de François, baron *d'Aiguirande.*

D. *Alexandre-Auguste-Joseph-Ange-Ghislain,* chevalier, baptisé à Sainte-Croix de Béthune, le 17 avril 1768, après avoir été ondoyé la veille.

2° ANGE-FRANÇOIS-JOSEPH, chevalier, lieutenant de Roi de la place de Béthune, chevalier de Saint-Louis, né le 18 mars 1728, marié le 7 avril 1779, à Marie-Magdeleine-Josèphe-Alexandrine *de Tramecourt,* veuve de N.....*de Grimaldi.* Il n'a pas laissé postérité.

3° CHARLES-LOUIS-ANGE DE BEAULAINCOURT, qui suit, XIII.

4° ANNE-ANGÉLIQUE, née le 23 septembre 1736, fut reçue à la Sainte et Noble Famille de Lille vers 1745-46, et mourut le 25 janvier 1820, après avoir été directrice de cette maison d'éducation de filles nobles depuis le 23 février 1776 jusqu'en 1793 (2).

XIII. *Charles-Louis-Ange* DE BEAULAINCOURT, chevalier, capitaine de grenadiers au régiment de Languedoc, chevalier de Saint-Louis, né le 23 septembre

(1) Cte de Fontaine de Resbecq. La Sainte et Noble Famille de Lille. Lille, Quarré, in-8°. Page 110.

(2) Id. ibid. Pages 34 et 94.

1737, épousa, le 25 mars 1770, Jeanne-Marie-Mar-
guerite *Segon*, (1), fille d'Adrien *Segon*, écuyer, et
de Marie-Françoise *de Saint-Vaast*.— De ce mariage,
vinrent quatre enfants; savoir :

1° *Marie-Alexandrine-Charlotte-Angélique*, née à la
Bassée, le 8 décembre 1770, y baptisée le lendemain en
l'église de Saint-Vaast, fut reçue à la Sainte et Noble Famille
de Lille, le 1ᵉʳ décembre 1779 (2).

2° CHARLES-ALBERT-JOSEPH-ANGE, ou CHARLES-ANGE-ALBERT-
JOSEPH DE BEAULAINCOURT, qui suit, XIV.

3° LOUIS-JOSEPH-ANGE, ou LOUIS-ANGE, chevalier, né le 5
août 1774, marié le 29 novembre 1798, avec Anne-Françoise-
Colette-Jacqueline *Danneels*, morte à Aix-Noulette (Pas-de-
Calais), le 20 décembre 1832, fille d'Emmanuël-Jacques *Danneels*, écuyer, et de Marie-Anne *Vasseur*. Il fut père d'un fils
qui suit :

A. *Louis-Charles-Ange*, chevalier, né à Aix-Noulette, le
24 août 1806, marié à Aire-sur-la-Lys, le 9 février 1836, avec
sa cousine germaine, Marie-Charlotte-Elise *de Beaulaincourt*,
née à Locon (Pas-de-Calais), le 13 juin 1809, fille de Joseph-
Charles-Marie-Ange *de Beaulaincourt*, chevalier, et de Charlotte-Philippine-Alexandrine-Josèphe *de Beaulaincourt de
Marles*. — Il fut père de deux fils, savoir :

a. *Edgar-Louis-Charles-Ange*, chevalier, né le 26 octobre
1837, premier lieutenant au 3ᵐᵉ régiment de chasseurs
d'Afrique, mort le 6 mai 1863, en revenant du Mexique.

b. *Léon-Albert-Ange*, chevalier, né le 4 mars 1843, marié
au château d'Athis, près Châlons (Seine-et-Marne), le 26 août
1873, à Marie-Elisabeth-Yvonne *de la Tullaye*, morte veuve
et âgée de 28 ans audit château d'Athis, le 30 mars 1880, fille

---

(1) Segon : de gueules, à trois croix ancrées d'argent.

(2) Cᵗᵉ de Fontaine de Resbecq. La sainte et noble Famille de
Lille, p. 118.

du baron *de la Tullaye* et de la baronne, née *de Sainte-Suzanne.* — De ce mariage, vinrent deux enfants, savoir :
aa. Elisabeth, née au château d'Athis, le 29 juillet 1874.
bb. Un fils.

4° Joseph-Charles-Marie-Ange, chevalier, né le 20 juin 1777, mort le 21 juin 1818, après avoir épousé, le 26 avril 1808, sa parente, Charlotte-Philippine-Alexandrine-Josèphe *de Beau·laincourt de Marles,* qu'on a vue, ci-devant, page 28, ligne 24, fille du *quatrièmee comte* de Marles. — De ce mariage, vin· rent six enfants, savoir :

A. *Marie-Charlotte-Elise,* née à Locon (Pas-de-Calais), le 13 juin 1809, mariée à Aire-sur-la-Lys, le 9 février 1836, avec son cousin germain, Louis-Charles-Ange *de Beaulaincourt.* qu'on a vu, plus haut, page 37, ligne 17.

B. *Sidonie-Philippine-Joséphine,* née à Béthune, en août 1811, morte le 3 mars 1836, après avoir épousé, à Aire-sur-la-Lys, le 18 mai 1831, Artus-Hubert-Marie, vicomte *de la Fontaine-Solare,* natif d'Amiens, fils de Marie-Hubert, comte *de la Fontaine-Solare,* et de la comtesse Antoinette-Françoise·Charlotte, née *Picquet de Moyencourt.*

C. *Charles-Alphonse-Léon,* chevalier, né le 6 novembre 1812, colonel d'infanterie, officier de la Légion d'Honneur, décoré de la médaille du Mérite militaire d'Italie, mort au château des Roches de Louvigné (Mayenne), le 9 octobre 1871, après avoir épousé, le 3 février 1857, Charlotte *de Monfrand,* fille d'Adrien *de Monfrand,* écuyer. De ce mariage, sont nés trois enfants, savoir :
a. Un fils mort au berceau.
b. Georges, chevalier, né vers 1860.
c. Auguste, chevalier, né vers 1868.

D. *Angéline-Josèphe,* née le 9 novembre 1814, mariée, le 26 août 1856, avec Aimé-Charles-Augustin *Titelouze de Gournay,* écuyer.

E. *Pharaïlde-Charlotte-Angélique,* née le 9 septembre 1816, morte au château de Glominghem, près d'Aire-sur-la· Lys, le 14 octobre 1884.

F. *Maxime-Louis-Charles*, chevalier, né le 28 novembre
1818, mort le 1ᵉʳ août 1831.

XIV. *Charles-Albert-Joseph-Ange*, ou *Charles-
Ange-Albert-Joseph* DE BEAULAINCOURT, chevalier, dit
le comte DE BEAULAINCOURT, né le 13 juillet 1772,
officier au régiment d'Auxerrois, fit les campagnes
de l'Emigration contre la République et fut créé
chevalier de l'Ordre royal et militaire de Saint-Louis.
Le 7 juillet 1819, il fut l'un des témoins du mariage
que son cousin et beau-frère, *le chevalier* DE WAVANS
(qu'on a vu plus haut, page 29, ligne 3), contracta
à Tournai avec Julienne *de Benoist de Gentissart*.
Il avait épousé, le 25 novembre 1801, Silvie-Scho-
lastique-Pharaïlde-Charlotte-Josèphe *de Beaulaincourt de Marles*, qu'on a vue, plus haut, page 28,
ligne 18, née le 16 juin 1775, morte le 20 juillet
1835, fille du *quatrième comte* DE MARLES. Il fut
père de trois enfants qui suivent :

1° GUSTAVE-ADOLPHE-CHARLES-ANGE, chevalier, dit *le comte
Adolphe* DE BEAULAINCOURT, né à Lestrem, le 9 mars 1803,
chef d'escadron d'artillerie, chevalier de la Légion d'Honneur, mort sans postérité à Paris, le 9 février 1882, après
avoir épousé, à Lille, le 11 janvier 1837, Clémence-Julie-
Justine *Macquart*, née en ladite ville, le 20 juillet 1811, fille
de Pierre-Justin *Macquart*, écuyer, et de Julie-Marie *Aronio
de Fontenelle*.

2° FRÉDÉRIC-ALEXANDRE-AUGUSTE-ALBERT-ANGE, chevalier,
dit *le comte Frédéric* DE BEAULAINCOURT, né le 9 mars 1805,
mort sans alliance, au château de Marles, lès-Béthune, le 29
juillet 1860.

3° Ange-Edouard-Hercule-Enguerrand de Beaulaincourt, qui suit, XV.

XV. *Ange - Edouard - Hercule - Enguerrand* de Beaulaincourt, chevalier, dit *le comte Edouard* de Beaulaincourt de Marles, né le 16 février 1807, mort au château de Marles, le 4 mars 1883, après avoir épousé, le 29 septembre 1835, Marie-Stéphanie *Louvet d'Herponay*, fille de Pierre-Charles-Marie *Louvet d'Herponay*, écuyer, et d'Eugénie-Charlotte *Gohier des Champeaux*. Il fut père de cinq enfants qui suivent :

1° Marie-Alix-Pharaïlde, née le 30 octobre 1836, mariée à Marles, le 12 août 1873, à Joseph *Pillons*, propriétaire du château de Louez.

2° Eugène-Antoine-Charles-Marie-Ange, chevalier, né le 12 janvier 1838, mort au Mans, le 10 juin 1851.

3° Louise-Marie-Marguerite, née le 19 mars 1840, religieuse au couvent du Saint-Sacrement à Arras, sous le nom de *Dame Sainte-Mechtilde.*

4° Marie-Cécile-Anne-Hélène, née le 5 septembre 1841, sœur de charité sous le nom de *Sœur Joséphine.*

5° Jules-Gustave-Louis-Marie-Ange de Beaulaincourt de Marles, qui suit, XVI.

XVI. *Jules-Gustave-Louis-Marie-Ange* de Beaulaincourt de Marles, chevalier, dit *le comte de Marles,* né à Vaudricourt (Pas-de-Calais), le 20 juillet 1848, épousa, au Mans, le 16 mai 1876, Marie-Thérèse-Joséphine-Louise *de Foulques,* née à Saint-Sulpice-sur-Rille (Orne), le 5 mai 1857, fille de

Honoré–Gustave *de Foulqur s*, écuyer, propriétaire, et de Gabrielle-Henriette *de Bernard*.

Il est père de cinq enfants, savoir :

1° Ange-Albert-*Roger*-Marie-Joseph, chevalier, né à Vaudricourt, le 23 septembre 1877.

2° *Hélène*-Jéromette-Marie, née à Marles, le 2 octobre 1878.

3° Marie-Germaine-*Françoise*-Pharaïlde, née à Marles, le 8 septembre 1880.

4° *Jehan*-Joseph-Charles-Ange, chevalier, né à Marles, le 15 mars 1883.

5° Ange-*Guislain*-Charles-Marie, chevalier, n3 à Vaudricourt, le 16 avril 1886.

Les Romans généalogiques de la famille Hardy, dite de Beaulaincourt.

Comme beaucoup d'autres généalogies, celle de la famille Hardy, *dite* de Beaulaincourt, a besoin d'être dégagée des absurdités mensongères dont les anciens hérauts d'armes ont formé ses premiers degrés.

J'ai vu deux filiations romantiques composées pour cette famille. L'une se trouve au folio 218 du tome 1er d'un manuscrit du trop connu *Jean* le Launay, œuvre très-bien exécutée sous le rapport matériel (calligraphie et dessin) et qui appartient à Mr le comte Jules Stiénon du Pré, de Tournai. L'autre a été transcrite par feu Mr le chevalier *Amédée* le Boucq de Ternas, de Douai, dans un des nombreux cahiers généalogiques qu'il a légués à son fils, Mr le chevalier Pierre le Boucq de Ternas.

La première renferme vingt-trois personnages introuvables ailleurs que dans le travail de DE LAUNAY. La seconde contient, d'abord, quatre degrés dont les titulaires ont pu tous exister, mais sans que leur parenté filiative puisse être prouvée ; puis, deux degrés où le Pirée paraît avoir été pris pour *deux hommes*, et, enfin, un septième degré emprunté d'une charte qu'on rencontre dans les preuves publiées par LE CARPENTIER dans la 4e partie de son *Histoire de Cambray et du Cambrésis*, sous la date de 1316. Pour démontrer, plus facilement, la folie de ces inventions, j'ai pris le parti de conférer les deux crayons généalogiques comme suit :

Filiation selon DE LAUNAY.	*Filiation selon le manuscrit de* Mr DE TERNAS.
I. Gérard *de Beaulaincourt*, chevalier croisé en 1200 avec Bauduin, comte de Flandres, épousa Jenne *de Cisoing*, dont deux fils qui suivent :	I. Hugues *de Beaulaincourt*, chevalier, fut présent avec plusieurs chevaliers de Flandre et d'Artois à la dédicace de l'église de l'abbaye d'Arouaise, le 9 des Calendes d'octobre 1106.
1° BAUDUIN, qui suit, II. 2° PIERRE, écuyer, mort à la guerre.	
II. Bauduin *de Beaulaincourt*, chevalier, épousa Waudru *de Senzeilles*. Il fut père d'un fils qui suit :	II. Jean I *de Beaulaincourt*, chevalier, capitaine de Cambrai en 1140, 1152.

III. Philippe *de Beaulaincourt*, écuyer vivant du temps de PHILIPPE, COMTE DE HAINAUT (1), épousa Ide *d'Antoing*, fille de Jean *d'Antoing* et de Marie *d'Oisy*. Il fut père de deux enfants, savoir :

1° JEAN, qui suit, IV.

2° JENNE, mariée au seigneur de Blangy.

IV. Jean *de Beaulaincourt*, écuyer, épousa Jenne *de Harnes*, fille de Jean. Il fut père de deux enfants qui suivent :

1· PIERRE, qui suit, V.

2° JEAN, écuyer, mort sans alliance.

V. Pierre *de Beaulaincourt*, chevalier au service du comte Guy de Flandres, épousa Marie *de St elind*, qui lui donna quatre enfants qui suivent :

III. Jean de *Beaulaincourt*, seigneur dudit lieu, chevalier, signa avec d'autres chevaliers du Cambraisis l'acte d'une donation faite par Hugues *d'Oisy* à l'abbaye de St-Aubert, 1180, 1184.

IV. Tesson *de Beaulai court* se dévestit de la dîme de l'abbaye d'Arouaise en présence de Pons, évêque d'Arras, du consentement de Simon *de Beugnastre* de qui elle était tenue et qui la remit à l'évêque pour la rendre à l'abbaye, 1221, 1224.

V. Saxe I *de Beaulaincourt*, chevalier, seigneur dudit lieu, marié à Martel *Hardi* que l'on pense appartenir à la maison de Vermandois. Son épitaphe est ainsi conçue :

Chy mis est dessubs chet Saxe Martel Hardi, chi dt el Saxe del Bellin

(1) Il n'y eut pas de comte de Hainaut prénommé Philippe, avant le duc de Bourgogne, Philippe-le-Bon (1436-37).

1° PIÉRRE, qui suit, VI.

2° JEAN, écuyer, mort sans alliance.

3° ROBERT, écuyer, mort sans alliance.

4° DENIS, écuyer, marié à N... *N*...

VI. Pierre *de Beaulaincourt*, écuyer, épousa Eléonore *de Pottes*, qui lui donna un fils qui suit :

VII. Enguerrand *de Beaulaincourt*. Ce degré est semblable au degré VIII de la filiation du Manuscrit de Mᵣ DE TERNAS,

court estoet kavelier, cil morrut lechuinck de febvrier M.CC.LXXVI (1).

VI. Saxe II *de Beaulaincourt*, chevalier, épousa N. *de Hondecoustre*, fille de Messire Jacques, chevalier, seigneur de Hondecoustre, etc., et d'Anastasie *de Poucques*.

VII. Martin *de Beaulaincourt* signa, avec plusieurs chevaliers et écuyers, une charte donnée à Walincourt par le seigneur dudit lieu à ses vassaux en 1316 (2).

Le VIII° degré donné par le Manuscrit de Mᵉ DE TERNAS étant le même que le septième contenu dans l'œuvre de DE LAUNAY, je rapporte ici ce que j'y ai trouvé : 1° Concernant la *couronne* que renferme l'écusson des armoiries des HARDY DE BEAULAINCOURT, et 2°, relativement au nom de *Hardy* qui, d'après

(1) Comme absurdité ce degré est assez réussi. Saxe (pierre ou cailleu) époux de Martel Hardi qui était cavalier, c'est drôle. Mais l'épitaphe est plus raisonnable, car sa traduction exacte en français moderne doit être, selon moi: Ci mis est, dessous cette pierre, Martel Hardi, lequel, dit la pierre, de Bellincourt était chevalier. Il mourut le cinq de février 1276.

(2) J. le Carpentier. Histoire de Cambray et du Cambrésis, 4ᵉ partie, p. 43,

les généalogistes cités, aurait été un surnom qui
aurait suivi, non précédé, la dénomination de *de
Beaulaincourt*.

VIII. « Enguerrant *de Beaulaincourt*, écuyer
» (ALIAS chevalier), marié avec Anne-Eléonore *des
» Cœurs*. Il fut obligé de s'expatrier avec Denis *de
» Morbecque*, son cousin germain (1), chevalier, par
» suite d'une querelle qui eut lieu au jeu de paume
» de Saint-Omer et où un homme fut tué. Ses biens
» furent confisqués et il passa en Angleterre où il
» offrit ses services au Roi. Il était présent dans les
» rangs anglais à la bataille de Poitiers en 1356, où
» le roi Jean fut fait prisonnier et rendit son épée à
» Denis *de Morbecque*. Ce dernier étant malade des
» suites de ses blessures, Enguerrant alla réclamer
» eu sa place, la récompense de ladite prise. C'est
» alors que le roi d'Angleterre lui donna la permis-
» sion de placer une couronne, prise des anciennes
» armes d'Angleterre, sur les queues croisées des
» lions de ses armes. Il fut père de trois fils :

« 1º RICHARD, qui fut assassiné.
» 2º GILLON, qualifié de MESSIRE, maistre d'hostel de
» l'évêque de Cambrai, Gérard de Dainville, créé seigneur de
» la Haye de la cité de Cambrai, *prit le surnom de* HARDI,
» *après avoir défendu les intérêts de la ville de Cambrai,
» contre les chanoines de Saint-Géry à propos d'un Wares-
» cais.* Il épousa Jeanne-Marguerite-Nicaise *Hardiel*, fille de
» Jean *Hardiel*, seigneur de Wandonoville en la cité de
» Namur, et de Marguerite *Verdin*, sans hoirs.

(1) J'ai conféré la généalogie des de Saint-Omer Moerbeke avec
celle des de Beaulaincourt, et je n'ai pas trouvé la moindre
parenté entre ces deux familles au XIVe siècle.

» 3° JEAN qui prit le nom de HARDI, *comme son frère Gil-*
» *lon, du nom de son aïeule* (1), brisa ses armes d'un cœur
» de gueules entre les queues des lions, au-dessous de la
» couronne, et mit un cœur ensanglanté entre les dents des
» lions dont le col faisait le timbre; il disjoignit et décroisa
» les queues pour distinguer ses armes de celles de son frère.
» Mais ses successeurs les ont reprises et toujours portées
» comme auparavant. »

J'ai voulu terminer cet opuscule en présentant, dans les cinq dernières pages, toutes ces incohérences, afin de permettre au lecteur d'apprécier le fatras que produisaient les savants hérauts d'armes. Tout est bizarre dans les élucubrations de ces mystificateurs officiels que des familles ignorantes et vaniteuses payaient toujours trop cher. Si j'avais pu étudier à loisir les archives scabinales de Cambrai, j'aurais pu traiter, avec plus de compétence et de détails, la généalogie qui précède. Mais je crois être parvenu, malgré l'exiguité de mes ressources, à placer la filiation des *Hardy de Beaulaincourt* sur une base solide que m'ont fournie les Cartulaires de rentes conservés aux Archives de Tournai en Tournaisis.

LE Cᵗᵉ DU CHASTEL DE LA HOWARDERIE-NEUVIREUIL,
la Tombe-lès-Tournai, 12 mars 1888.

(1) Jean se nomma Hardi à cause de son aïeule (sic) qui était,
sans doute, le chevalier Martel Hardi, qu'on a vu ci-devant page 43,
colonne 2, lignes 22 et 28, et Gillon, son frère, qui avait pris,
comme Jean, ce nom de Hardi se trouve avoir pour aïeul, ou aïeule,
un warescais, puisque c'est à propos d'un warescais qu'il fut
Hardi. Héraldique et mystère !

TABLE

DES NOMS DE FAMILLE ET DE FIEF.

(1) *Antoine* DE BEAULAINCOURT, seigneur de Bellenville. qu'on a vu, ci-devant, page 15, degré VI, fut surnommé *Toison d'or* en sa qualité de Roi d'armes de cet ordre chevaleresque. On lit dans le *Recueil héraldique de Flandre et d'Artois* par M. DE COUPIGNY (Manuscrit français, nº 14354 de la Bibliothèque nationale de Paris), au folio 60, une citation des *Mémoires généalogiques* de M. DE GOMICOURT (rédigés vers 1600), conçue en ces termes: « *Maints héraux et entre* » *autres le sieur* DE BELLENVILLE, *en son livre des* RECHERCHES, dit » qu'anciennement, etc. » Le seigneur DE BELLENVILLE, dit *Toison d'or*, avait donc composé un recueil intitulé : *Les Recherches.*

DOUAI, IMP. L. CRÉPIN.

ERRATA.

Page 14, ligne 27, en note. Au lieu de *Cambraisis*, lisez : *Cambresis*.

Page 30, ligne 14. Au lieu de *Villeman*, lisez : *Willeman-lès-Wail*.